UNIVERSITÉ DE BERNE

COURS DE DROIT CIVIL FRANÇAIS

L'IDÉE DU DROIT

PAR LE PROFESSEUR

EMILE ACOLLAS

Droit et Liberté.

Prix : 1 fr. 50 c.

PARIS
GERMER-BAILLIÈRE, LIBR.-ÉDITEUR
rue de l'École-de-Médecine, 7.

GENÈVE
DESROGIS, LIBRAIRE
rue du Rhône, 13.

1871

L'IDÉE DU DROIT

COURS DE DROIT CIVIL FRANÇAIS

L'IDÉE DU DROIT

PAR LE PROFESSEUR

EMILE ACOLLAS

Droit et Liberté.

Prix : 1 fr. 50 c.

PARIS

GERMER-BAILLIÈRE, LIBRAIRE-ÉDITEUR

rue de l'École-de-Médecine, 17.

1871

TABLE DES MATIÈRES

La guerre allumée par deux coquins entre deux nations qui n'avaient que des raisons de rester unies, vient
de s'interrompre; l'Allemagne a abusé de la Force, la
France a déserté le Droit.

Je veux dire à la France le mot qu'elle m'a appris,
qu'elle a oublié, le mot sauveur.

France, souviens-toi de toi-même; tu fus la patrie de
l'idée du droit de l'homme, en tant qu'homme, et c'est
ce qui te fit forte, c'est ce qui te fit grande entre les nations; reprends à ton Passé.

Veux-tu vaincre l'Allemagne; veux-tu la vaincre sûrement? Deviens la nation la plus libre et la plus juste
du globe; accomplis la devise de ta révolution; insti-
tue le droit de l'homme sur lui-même.

Mais, prends garde! Les empiriques et les sauveurs
te seront également mortels, car ils te pousseront également à l'abandon de toi-même, au rétablissement de la
monarchie, et le rétablissement de la monarchie, c'est
ta fin.

France du Dix-huitième siècle et de la Révolution,
revis à la Conscience, revis à l'Idée du Droit!

Berne, 3 mars.

L'IDÉE DU DROIT

PREMIÈRE LEÇON

(23 novembre 1870.)

SOMMAIRE

Esprit qui présidera au Cours de Droit civil français. — Plan du cours et distribution des leçons. — Examen des deux questions suivantes : Y a-t-il matière à une science du Droit? Quelle est la méthode applicable au Droit ?

Messieurs,

Appelé par le gouvernement de Berne à l'honneur d'occuper dans cette Université la chaire de Droit civil français, je tiens tout d'abord à vous dire comment j'entends répondre à la confiance dont je suis l'objet et comment je comprends mes devoirs envers vous.

Je viens, Messieurs, faire dans cette chaire œuvre de science entièrement libre et étudier avec vous les lois à la lumière de la philosophie.

Cette direction a été celle de toutes mes recherches, de tous mes travaux, de tout mon passé; ce sera celle de toute ma vie.

Et, dès le début, qu'il me soit permis, Messieurs, de rendre un public hommage à mon malheureux et glorieux pays. Quelle nation plus que la France a contribué à émanciper la raison humaine, et quelle nation a ouvert à l'investigation scientifique de plus larges horizons, de plus grandioses perspectives !

La France fut au XVIIIe siècle le flambeau du genre humain ; c'est elle qui en a trouvé les vrais titres ; c'est elle qui, j'ose le dire, a dévoilé à l'humanité et au monde la loi de leurs destinées, car c'est elle qui a su ériger en doctrine l'immense idée du Progrès.

Toutefois, ne craignez pas, Messieurs, que l'amour que je sens palpiter au fond de mon cœur pour ma patrie abattue et foulée aux pieds, trouble mon impartialité scientifique. Je sais et je suis fort loin de vouloir dissimuler tout ce que les autres nations ont entrepris et accompli pour l'immortelle cause de l'émancipation de l'esprit humain ; en Angleterre, dans l'ordre de la philosophie du Droit, Locke notamment a été un précurseur ; mais lorsqu'on glorifie l'affranchissement de la pensée, comment ne pas citer en première ligne Montesquieu, J.-J. Rousseau, Voltaire, les Encyclopédistes, Turgot, Condorcet ! Comment ne pas rappeler le siècle étonnant dont l'effort s'est résumé dans la Révolution française !

Ah ! Messieurs, on pourra les renier et les insulter tant que l'on voudra, ce grand Dix-huitième siècle et cette grande Révolution française, qui, comme le disait l'anglais Fox, fut celle du monde ; on pourra tenter d'en étouffer la semence sous la dévastation et sous le carnage ; pygmées aux prises avec le mouvement des choses, votre œuvre est d'un jour, le germe de la Liberté ne cessera de grandir, et un temps viendra où, arbre vigoureux, il abritera tous les enfants des hommes.

Messieurs, au point de vue de nos études, le Dix-huitième siècle et la Révolution française ont fait deux choses : ils ont promulgué la loi et marqué le but ; c'est par eux que les générations savent aujourd'hui d'une manière certaine qu'elles marchent à la réalisation du Droit libre, du Droit égal pour tous.

Alors ont paru Kant, Krause, Fichte, Bentham, Hegel, Gans, et la philosophie a essayé de pénétrer jusque dans le Droit technique ; mais, sans nier l'importance des résultats déjà obtenus, on peut affirmer néanmoins que pour l'ensemble la philosophie du Droit demeure un *desideratum.*

Et pourtant si jamais science eût besoin d'être renouvelée, quelle science jamais attesta mieux ce besoin que celle des lois ? Où trouva-t-on jamais entassés plus de débris informes, plus de traditions inintelligentes, plus de dogmes puérils et plus de sophismes ? Ecoutez, Messieurs, le jugement qu'en portait, il y a quatre-vingts ans, Condorcet :

« Il ne s'agissait pas d'examiner un principe en lui-
» même, mais d'interpréter, de discuter, de détruire, de
» fortifier par d'autres textes ceux sur lesquels on l'ap-
» puyait. On n'adoptait pas une proposition, parce qu'elle
» était vraie, mais parce qu'elle avait été écrite dans un
» tel livre, et qu'elle avait été admise dans tel pays et
» depuis tel siècle.

» Ainsi partout l'autorité des hommes était substituée
» à celle de la raison [1]. »

Et les choses n'ont pas sensiblement changé, je dirais presque qu'elles sont devenues pires, si je me bornais à considérer le souffle de réaction qui s'est levé sur l'Europe et qui emporte vers le culte des plus vieilles idoles tant de juristes aveuglés.

[1] Condorcet, *Esquisse des progrès de l'esprit humain.*

Je m'arrête ; ces quelques mots suffisent pour caractériser l'esprit dont je désire que mon enseignement soit empreint ; si j'y réussis à ma guise, le cours de Droit civil français sera essentiellement philosophique et critique.

Est-ce à dire pour cela, Messieurs, que nous allons négliger l'étude des textes ? En aucune manière. Nous prendrons les textes un à un, dans leur ordre ou dans leur désordre, nous en analyserons chaque phrase, nous en interpréterons chaque mot. Les textes sont un terre-plein dans la science juridique, terre-plein excellent pour apercevoir de là ce qu'est sur chaque matière l'idée du Droit et ce qu'il faut nécessairement que le fait devienne. D'ailleurs, les textes ont une importance pratique qui s'impose à tout le monde, et je n'oublie pas que je m'adresse à des jeunes gens qui se destinent pour la plupart à être des praticiens.

Nous ferons donc aussi de l'exégèse, mais nous nous garderons de rester dans les broussailles et dans les marécages de l'interprétation littérale.

Au surplus, en réclamant pour moi une entière liberté scientifique, je m'engage par là, messieurs, à respecter en vous la même liberté. Ne craignez donc point de ma part une critique oppressive pour vos consciences ; je viens vous guider, vous apprendre à penser par vous-mêmes, non vous imposer aucune opinion, et s'il arrive que la profonde conviction qui m'anime ou les nécessités de l'enseignement rendent ma parole trop dogmatique à votre gré, ne vous en effrayez pas ; vous serez toujours appelés à contrôler et à réviser mes jugements.

(Ici le professeur expose quel sera le plan de son cours et de quelle manière il entend distribuer ses leçons.

Comme il l'a indiqué, il y a un instant, le cours de Droit civil français suivra le Code Napoléon article par article.

Ce cours sera complet en deux années.

Durant la première, le professeur parcourra le premier livre déjà expliqué par son prédécesseur ; mais il insistera sur les graves questions philosophiques auxquelles donne lieu le droit des personnes ; il expliquera ensuite le second livre et poussera son enseignement de l'année jusqu'aux *Obligations*.

Quant aux leçons, il en sera chaque semaine consacré une, mi-partie à l'exposition par les élèves, sous la direction du professeur, d'une thèse de philosophie du Droit civil ou d'une difficulté technique, mi-partie à l'interrogation.)

Maintenant, Messieurs, nous pouvons aborder le cours.

Deux questions se présentent sur le seuil.

1° *Y a-t-il matière à une science du Droit ?*

2° *Quelle est la méthode applicable au Droit ?*

Examinons successivement chacune de ces deux questions.

PREMIÈRE QUESTION. *Y a-t-il matière à une science du Droit ?*

Pour résoudre ce premier point, demandons-nous ce que c'est qu'une science, ce que c'est que le Droit.

Et d'abord, qu'est-ce qu'une science ?

Une science peut être définie : un ensemble de vérités de même ordre se reliant les unes aux autres et tendant vers l'absolu.

A proprement parler, la Science est une ; j'entends par là qu'il n'y a qu'une seule science, celle du tout, du κοσμος ; mais, pour nous approcher de cette science du tout, nous sommes obligés de diviser notre recherche, de classer les unes avec les autres les vérités plus proches les unes des autres, de séparer les vérités moins proches ; de là, les différents ordres scientifiques ou les différentes sciences.

En outre, toute science n'est qu'une ébauche, sans cesse réformable et sans cesse perfectible ; nous nous dirigeons vers l'absolu, nous le réalisons de plus en plus, mais qu'est-ce à dire, sinon que nous montons sans cesse dans l'échelle de la relativité et qu'à mesure que nous franchissons un degré nouveau, l'absolu se renouvelle, se transfigure et se dérobe à notre désir.

Voilà la Science ; voyons le Droit.

Le Droit, dans son sens large, peut être défini : *l'expression des rapports nécessaires qui dérivent de la nature humaine, au point de vue spécial de l'idée du Juste.*

Ajoutons immédiatement qu'entendu d'une manière technique, le Droit ne comprend pas (il s'en faut de beaucoup) toute l'idée du Juste ; une partie de cette idée ne relève que de la Morale, et dans la partie même qu'il a pour objet, le Droit n'est que l'auxiliaire de la Morale.

Au surplus, pour préciser autant que possible la définition du Droit, comparons le Droit avec la Morale.

Il existe entre la Morale et le Droit deux différences :

1º La Morale a pour unique sanction la conscience, tandis que le Droit reçoit, en outre, le supplément d'une coercition extérieure et sociale, ou, en termes techniques, de l'action en justice.

2º La Morale a un domaine beaucoup plus étendu que celui du Droit ; elle comprend non-seulement tout ce que comprend le Droit, mais en outre la partie du Juste que ne comprend pas le Droit, et, au-delà du Juste, tout le surplus de l'idée du Bien.

La formule de la Morale est : *Sois libre toi-même ; respecte la liberté des autres ; aime les autres.*

La formule du Droit est : *Respecte la liberté des autres.*

Le respect de la liberté des autres, telle est en effet, messieurs, comme nous le démontrerons, la traduction exacte de l'idée du Juste.

Mais auparavant constatons encore que le Droit et la Morale ont un terme commun et que le signe qui pour ce terme sépare pratiquement les deux, c'est qu'à la différence de la Morale, le Droit est sanctionné par la force collective ou sociale, si bien qu'à ce nouveau point de vue, il peut être défini : *la collection des règles qui donnent lieu à l'emploi de la force sociale pour contraindre celui qui empiète sur la liberté d'autrui.*

Arrivés là, messieurs, nous sommes en état d'exprimer une conclusion ; il est clair que le Droit remplit la première condition de toute science, qu'il forme une unité d'une certaine sorte, que cette unité est susceptible d'une série de développements, et que le tout peut constituer un ensemble scientifique.

Mais le Droit se dirige-t-il vers l'absolu, et, en cas d'affirmative, quel est, si l'on peut dire ainsi, l'absolu du Droit ?

J'ai avancé, messieurs, que le Droit consiste dans le respect de la liberté des autres ; j'ajoute, maintenant, que cette notion est inscrite aux entrailles de la nature humaine.

Qu'est-ce, en effet, que la nature humaine ? Interrogez les psychologues et les physiologistes ; assurément, ils pourront différer sur le principe, mais tous, depuis des siècles, s'accordent à répondre que l'homme est une activité douée de sensibilité, de raison et de volonté, et les plus profonds n'hésitent point à dire que si cette sensibilité, cette raison, cette volonté varient pour le degré d'individu à individu, les trois se retrouvent essentiellement les mêmes dans tout être à la figure humaine.

Quel est donc le droit d'un homme en face d'un autre homme, quel peut-il être, s'il n'est pour chacun le droit de gouverner, de développer son activité comme il l'entend, de devenir, en un mot, tout ce que sa nature comporte ?

Par là, messieurs, je viens d'établir que l'absolu du Droit, sa base, son idéal, est de garantir à chacun le libre exercice et la libre évolution de ses facultés, d'assurer à chacun, sans distinction ni de races ni de sexe, son autonomie, de fonder enfin pour chacun cette pleine et suprême liberté, le droit inaliénable, le droit perpépétuel de disposer de soi-même.

Avons-nous atteint ce but, messieurs, et nos législations ont-elles épuisé l'idée du Droit ?

Que sont ces législations ? Je vous l'ai déjà dit ; toutes, en des points fondamentaux issues des absurdes traditions de la Cité antique et du Droit romain ; toutes, corrompues par ce double dogme que le droit social prime le droit individuel et que le législateur est omnipotent ; toutes demeurent engagées dans de telles ténèbres que c'est à peine si, en Europe du moins, l'on peut dire de quelques-unes que le soleil de la vraie civilisation a commencé de les éclairer.

Le Droit, messieurs, a donc un idéal devant lui ; il faut que, par les moyens qui lui sont propres, il concoure à instituer progressivement dans le monde *l'autonomie de la personne humaine.*

Mais cette formulé ouvre encore un champ nouveau à nos recherches.

Le Droit, comme je l'ai indiqué, est l'auxiliaire de la Morale ; mais c'est un auxiliaire qui emploie au besoin la force physique pour contraindre ceux qui transgressent ses règles ; tandis que la Morale (je ne parle bien entendu que de celle qui n'est point infidèle à son principe), la Morale n'invoque jamais que la puissance de la persuasion; or, autant la persuasion est en rapport avec l'autonomie de la personne humaine, autant la force physique répugne à cette autonomie, même lorsqu'elle a pour but de la faire prévaloir.

[Le Progrès consiste donc aussi à éliminer de plus en plus le Droit technique pour ne laisser debout que la pure Morale.] Et pour cela que faut-il faire? Il faut construire la Morale à son tour sur une base naturelle et rationnelle, et en vulgariser l'enseignement.

Ainsi l'espèce sortira enfin, messieurs, des langes de l'enfance ; ainsi elle parviendra enfin à entrer dans les voies de ce régime idéal où toute activité, sous l'unique contrôle de sa conscience, serait à toute heure maîtresse de son action propre.

SECONDE QUESTION. *Quelle est la méthode applicable au Droit?*

La question de la méthode applicable au Droit n'est pas distincte de la question de savoir quel est en général le meilleur procédé d'investigation de la nature ; or, à l'égard des sciences naturelles ou physiques proprement dites, ce point est tranché depuis des siècles ; il y a des siècles, en effet, que dans ces sciences l'on pratique universellement la méthode qualifiée d'expérimentale et inductive.

Bien que, en général, les juristes du temps présent paraissent ne point s'en douter, cette méthode est également celle qui convient au Droit; seulement l'expression d'expérimentale, suffisamment claire lorsqu'il s'agit des sciences naturelles ou physiques, manque au contraire de netteté et d'ampleur lorsqu'on l'applique aux sciences morales et politiques.

Dans les sciences naturelles et physiques, en effet, une expérience a lieu, une autre de même sorte la suit, et celle-ci, pour réussir, n'a besoin que de répéter exactement celle qui l'a précédée. Or, habituellement, quoi de plus facile que de retrouver, pour procéder à la seconde, les conditions générales d'expérimentation dans lesquelles s'est opérée la première ! Tout autre est le cas des sciences morales et politiques, car la base de ces sciences, à savoir la nature humaine, est soumise à une loi de renouvellement et de progrès bien autrement active que celle qui meut le monde extérieur. Aussi, dans les sciences morales et politiques, le Passé, quelque considérable qu'en soit l'enseignement, ne peut fournir qu'une direction ; ce qu'en effet les sciences morales et politiques ont à faire, ce n'est point d'apprendre au lendemain à recommencer la veille, conception d'ignorants ou d'insensés ! c'est de suivre et d'aider la marche perpétuellement ascendante du genre humain.

Comment donc trouver un terme assez compréhensif pour désigner la seule méthode qui convienne à toutes les sciences de la nature, au Droit et à la Morale comme aux autres ?

Dans la première moitié de ce siècle, un érudit d'outre-Rhin, M. de Savigny, a fait grand bruit d'une prétendue méthode qu'il appliquait exclusivement au Droit et qu'il appelait méthode historique. Certes l'Histoire, lorsqu'on sait l'élever à sa plus haute généralité et en dégager l'idée qui seule lui donne un sens et une valeur, l'Histoire, je viens aussi de l'attester, peut être d'un grand secours pour la science du Droit ; mais le jurisconsulte l'étudiât-il de la seule manière profitable, c'est-à-dire philosophiquement, il ne saurait y trouver tout l'enseignement dont il a besoin ; pour acquérir un vrai savoir, il faut encore qu'il sache observer lui-même les faits contemporains et sonder les grands courants de vie de son époque.

Est-ce là ce qu'a fait M. de Savigny ?

A la fois le plus chimérique et le plus positif des juristes, M. de Savigny considérait le Droit romain comme une sorte d'organisme vivant, et, après avoir construit cet étrange fétiche, il s'inclinait devant lui, il l'étudiait amoureusement et il arrivait à écrire cette phrase prodigieuse : « la connaissance des détails est l'unique chose qui puisse assurer du prix à l'histoire. »

La tentative faite par M. de Savigny et par ses sectateurs pour ramener le Droit à des traditions épuisées, marque en somme une période d'extrême réaction dans le développement de l'idée du Droit ; elle correspond à merveille à la perturbation morale de nos temps, aux indécisions d'une époque où tant de lâches esprits se cramponnent aux débris de tous les régimes, parce qu'ils n'osent regarder de face l'Avenir. Au surplus, l'Ecole de Savigny est morte avec lui, et les pâles survivants de ce micrologue ne sont eux-mêmes que des ombres du maître.

Appellerons-nous la méthode scientifique d'un nom aujourd'hui quelque peu répandu en Europe, celui de méthode positiviste ? Pas davantage. Le fondateur de l'Ecole positiviste, Auguste Comte, n'a fait en réalité que répéter sous une qualification différente, quoiqu'avec une généralité plus grande, l'idée de la méthode expérimentale.

Pour conclure, Messieurs, le nom qui, selon moi, devrait désigner la méthode applicable à toutes les sciences de la nature, est celui de *méthode rationnelle et inductive d'observation de la nature.*

Cette méthode doit être rationnelle, car l'homme n'a qu'un seul instrument pour découvrir la vérité, et cet instrument, c'est la raison.

Cette méthode doit être inductive, car la raison ne connaît de prime-abord sûrement que les faits particuliers, et ce n'est qu'en généralisant ces faits qu'elle peut arriver à la notion des lois.

Enfin cette méthode doit avoir pour fondement l'observation de la nature, car, dans les sciences dont je parle, quel moyen plus adéquat de parvenir à connaître la vérité que d'observer l'objet qu'il s'agit de connaître !

J'ai fini, Messieurs ; je vous ai dit sans réticence ce qui est le fond de ma pensée ; si je ne craignais de prendre pour ce cours une devise trop au-dessus de mes forces, j'inscrirais en tête ces trois mots : *Raison, Progrès, Autonomie de la personne humaine.*

SECONDE LEÇON

(24 novembre 1870)

SOMMAIRE.

Retour sur la notion du Droit. — Divisions et subdivisions du Droit. — Droit naturel et Droit positif. — Droit international. — Droit politique. — Droit privé. — Code civil français.

MESSIEURS,

Nous avons constaté hier qu'il y a matière à une science du Droit et nous avons vu que la méthode qui convient au Droit, comme à toutes les sciences de la nature, est celle que l'on pourrait nommer méthode rationnelle et inductive d'observation de la nature.

Je veux revenir aujourd'hui sur la notion du Droit telle que je vous l'ai présentée ; je me propose d'en éclaircir les points qui pourraient être restés obscurs ; nous examinerons ensuite quelles sont les divisions généralement reçues dans la science du Droit et quelles sont celles, qu'à mon sens du moins, on devrait leur préférer ; nous apprécierons enfin la législation napoléonienne ; cela fait, nous serons en situation d'aborder immédiatement l'étude des textes.

Et d'abord nous avons dit que le Droit peut être défini : *l'expression des rapports nécessaires qui dérivent de la nature humaine au point de vue de l'idée du Juste ;* seulement, nous avons ajouté que le Droit technique ne comprend que la partie du Juste qui est sanctionnée par l'action en justice.

Pourquoi dis-je, en premier lieu, que le Droit est fondé sur des rapports nécessaires ?

Cette affirmation est bien facile à comprendre et à vérifier, messieurs, car on ne saurait admettre, sans nier tout ordre du monde ou sans violer la logique la plus manifeste, que la loi d'un être puisse se trouver en désaccord avec la nature de cet être ; donc, la loi qui concerne les hommes, loi juridique ou morale d'ailleurs, est imposée par la nature des hommes, ceux-ci ne pouvant évidemment être reliés les uns aux autres, que de la manière que détermine et que commande cette nature.

Le législateur n'est donc pas libre de faire la loi à sa fantaisie et il ne saurait y avoir d'erreur plus grosse, soit en elle-même, soit par les périls qu'elle entraîne, que la foi à l'omnipotence du législateur.

Sans doute, il est fort possible que le législateur se trompe, et s'il a devant les yeux un autre objectif que la nature humaine ou s'il ne sait pas observer la nature humaine, c'est en effet ce qui ne manquera pas d'arriver ; mais, bien que la société éprouve un grave dommage lorsque le législateur y promulgue des lois mauvaises, ce n'est encore là qu'un accident auquel il peut être aisément porté remède, si d'ailleurs, ne règne pas l'opinion générale que le législateur possède un droit discrétionnaire, et que son rôle n'est point uniquement borné à déclarer la règle du Juste. Autrement, comme les pures monarchies, après tout les seules défendables, on en vient à ce célèbre adage : « si veut le Roi, si veut la Loi, » et alors il n'est personne dans l'Etat, sauf un seul homme, qui puisse être sûr de son lendemain.

Persuadons-nous donc bien que la loi en elle-même échappe absolument à l'empire de l'arbitraire et que ce qui peut seul y introduire cette détestable semence, ce sont les mauvaises institutions et les esprits incapables ou pervers [1].

[1] Et que de personnes cependant admettent encore cettefauss e parole de Rousseau : « *La loi est l'expression de la volonté générale,* » comme si la volonté générale pouvait changer l'ordre des choses !

Il me reste, en ce qui concerne la notion du Droit, à ajouter deux mots pour expliquer, sous un nouveau jour, la traduction que je vous ai donnée hier de l'idée du Juste.

Je vous ai dit, messieurs, que cette idée peut exactement se traduire par celle du respect de la liberté d'autrui, et j'ai ajouté que le but du Droit technique devait être de contribuer, dans sa sphère, à faire prédominer de plus en plus le droit de la persoune humaine sur elle-même, *die Selbstimmung*, dit excellemment la langue allemande.

Mais, dans la société, il y a des majeurs et des mineurs. Je ne veux pas, quant à présent, approfondir ces deux mots, car la question est épineuse, compliquée, et elle pourrait nous mener loin; je me contenterai de vous dire, dans des termes très généraux, que j'entends par majeurs tous les individus dont la personnalité, ou, si vous l'aimez mieux, la conscience est formée et entière, et que je donne le nom de mineurs à tous les autres.

Or, le Droit devra-t-il appliquer le même système aux uns et aux autres.

Lorsqu'il s'agit des premiers, le rôle du Droit est tout tracé; il n'a qu'à maintenir à chaque majeur l'intégralité de sa liberté, et à mettre la force collective à la disposition de celui dont la liberté serait atteinte.

Lorsqu'il s'agit des mineurs, le problème juridique, tout en restant essentiellement le même, conduit à une solution opposée. Le mineur étant une liberté incomplète, ce qu'il y a à faire de la part du Droit, c'est de protéger cette sorte de liberté embryonnaire, en vue de l'amener à se compléter.

Ainsi, messieurs, nous retrouvons encore une fois, comme dernier mot de la notion du Droit, cette grande formule de l'autonomie de l'individu, *la première de toutes à créer*, ai-je moi-même écrit[1], la première, en effet, car, si celle-là était fondée, toutes les autres le seraient avec elle.

Passons maintenant aux divisions du Droit

La doctrine juridique divise généralement le Droit en Droit naturel et en Droit positif; elle subdivise ensuite le Droit positif en trois parties, en se plaçant au point de vue des rapports dont le Droit positif est l'expression.

Ces parties sont :

1º Le Droit international, appelé aussi par certains auteurs Droit naturel, Droit des gens et Droit public externe;

2º Le Droit politique, dénommé aussi par quelques-uns Droit public ou Droit public interne ;

3º Le Droit public ou civil.

Ces trois subdivisions du Droit positif manquent, selon nous, d'exactitude scientifique.

Considéré dans ses éléments rationnels, le Droit international appartient à la Morale et non au Droit.

Le Droit politique et le droit privé devraient être rangés l'un et l'autre sous la qualification commune de Droit politique ; le Droit politique se subdiviserait alors en :

1º Droit de cité ou Droit politique ;

2º Droit de famille.

Reprenons chacune des divisions et subdivisions que présente, en général, la doctrine.

1º DROIT NATUREL et DROIT POSITIF.

Qu'est-ce que le Droit naturel?

[1] *Nécessité de refondre l'ensemble de nos Codes et notamment le Code Napoléon.*

Aucune idée, Messieurs, n'est restée enveloppée dans des ombres plus épaisses que celle du Droit naturel, et aucune cependant n'est plus simple.

Etant bien compris ce qu'est la notion du Droit, à savoir l'expression de certains rapports nécessaires qui dérivent de la nature humaine, l'idée du Droit naturel surgit comme d'elle-même.

Chaque époque en effet se fait une certaine idée de la nature humaine et une certaine idée de la Justice, la première de ces deux idées commandant la seconde ; mais toutes deux, en définitive, réagissant l'une sur l'autre. Or le Droit naturel, c'est précisément l'idée du Juste en tant que cette idée devient de plus en plus conforme à la nature humaine et qu'elle suit la nature humaine dans son évolution ; en d'autres termes, *le Droit, à l'état idéal, constitue le Droit naturel.*

Quant au droit positif, il est, par antithèse, le Droit naturel traduit en formules.

Par où l'on voit que le Droit positif emprunte toute sa légitimité au Droit naturel et qu'il aurait pour perfection d'être le Droit naturel tel qu'il existe à un instant donné.

Voulez-vous, Messieurs, un exemple que j'emprunterai aux Beaux-arts et qui, je l'espère, vous fera saisir mieux encore mon explication ?

Quand Raphaël peignait ses madones, il ne copiait en particulier les traits d'aucun des modèles qui posaient devant lui ; mais il comparait et rapprochait les différentes beautés qu'il avait entrevues, et, comme il l'exprimait au cardinal Castiglione, il y ajoutait une certaine idée qui lui venait à l'esprit.

Quelle était cette idée, Messieurs, sinon l'idée même de la beauté en soi, telle que la concevait Raphaël ?

Ainsi doit faire le législateur pour mettre dans la loi

l'idée du juste. Au surplus, c'est surtout dans nos temps calamiteux qu'il faut le rappeler : L'évolution du Droit naturel ne s'arrête jamais, et, même aux époques où l'humanité semble le plus oublier sa destination morale, le Droit naturel fermente en secret et n'attend que l'heure favorable pour répandre au loin dans le monde un nouveau levain de justice.

Venons-en aux subdivisions du Droit positif.

1° DROIT INTERNATIONAL.

A supposer que ce droit existe ou qu'il pût exister, il doit ou devrait être défini : *l'expression des rapports nécessaires des nations entre elles.*

Mais le Droit international existe-t-il? Peut-il même exister ?

Vous savez, Messieurs, ce qui arrive lorsque de deux particuliers l'un viole le droit de l'autre ; celui dont le droit est violé s'adresse par voie d'action aux tribunaux et il en obtient une réparation calculée sur le préjudice que le violateur lui a causé.

En est-il ainsi entre nations ?

La réponse à cette question, Messieurs, vous n'avez qu'à regarder ce qui se passe autour de vous pour vous la faire à vous-même ; n'est-elle pas inscrite par le fer et par le feu sur ces nombreux champs de carnage qui déshonorent en ce moment la race humaine et qui feraient croire qu'elle est revenue aux plus sombres époques de son passé ?

Où est le tribunal arbitral pour décider entre les nations? où est le tribunal arbitral pour évaluer le dommage causé et pour dire à quel terme fixe la réparation doit s'arrêter, afin de ne pas constituer à son tour un crime de lèse-nation ?

L'Europe des Rois ne peut rien pour la paix, l'Europe des Rois ne peut rien que pour la guerre, et d'ailleurs, qu'elle s'abuse ou non sur elle-même, cette Europe s'en va ; mais, vous avouerai-je mon angoisse, à voir l'inqualifiable affaissement et l'inimaginable sottise des peuples, parfois, je me prends à douter que, derrière cette Europe-là, il s'en trouve une autre.

Toutefois, si j'écarte ces cauchemars, si je rentre dans la pure recherche scientifique, ma solution va-t-elle changer ?

Non, messieurs ; je suis pour mon compte absolument d'avis qu'il ne saurait exister de tribunal arbitral viable entre les nations, et que c'est une idée qui tombe en ruines de tous côtés, lorsqu'on la fouille, que celle d'introduire la sanction de l'action en justice dans les rapports entre les peuples.

Le tribunal arbitral, mais il a existé, mais la Grèce l'a connu et elle a pu en apprécier les résultats ; c'est une idée des temps antiques que celle des Amphyctionies !

Et ne nous arrêtons pas à l'histoire, supposons une sorte d'Amphyctionie, constituée dans des conditions même de nature à donner des garanties suffisantes à la justice : comment ne pas comprendre qu'un tel tribunal aurait toujours ce vice irrémédiable, d'être impuissant à faire respecter ses décisions, et qu'au lieu d'empêcher la guerre, la plupart du temps ce serait lui qui en précipiterait l'explosion ?

Compterait-on, pour lui venir en aide, sur la force de l'opinion ; mais qui ne voit immédiatement que le véritable tribunal arbitral serait alors l'opinion elle-même, et que si l'opinion a une telle force qu'elle fasse obstacle à la guerre entre les nations, c'est que désormais elle les gouverne.

Est-ce donc à dire pour cela, que je vais répudier ici l'idée de la paix perpétuelle entre les nations, moi qui m'honore d'en être un des zélateurs ? Tout au contraire, je crois plus que jamais, messieurs, à l'abolition progressive et finalement complète du meurtre de peuple à peuple ; mais cette foi, de ma part, n'a rien de mystique, elle est fondée sur ce que ma raison m'enseigne et non sur de vieux enfantillages ; aussi, je me désole quand je vois les rêveries qui la compromettent aux yeux des autres.

La solution du problème de la paix perpétuelle, on la trouvera dans la suppression des causes qui produisent les guerres et dans un certain développement du Droit politique.

Les guerres ont été jusqu'ici des guerres de races, des guerres religieuses, des guerres commerciales, des guerres dynastiques.

Je ne veux pas, messieurs, passer en revue toutes ces causes, car je m'écarterais par trop du but que je poursuis en ce moment, mais si j'affirme devant vous que l'exécrable ambition des dynasties est presque exclusivement dans notre Europe la cause qui fomente les guerres, rencontrerai-je en vous des contradicteurs ?

Le moyen pour les peuples d'arriver de plus en plus à l'abolition de la guerre est donc avant tout, de s'affranchir du joug de ceux qui les poussent à s'entr'égorger et de s'appartenir en fait comme ils s'appartiennent en droit ; alors, viendra la science politique, et cette science, d'accord avec leurs intérêts, leur persuadera de se confédérer.

Dans cet enchaînement, vous le voyez, l'idée du Droit international s'anéantit, elle est absorbée par celle du Droit politique.

Je pense donc, Messieurs, avoir raison d'affirmer que le Droit international qui, dans l'état actuel, ne constitue certainement pas un droit, n'est pas destiné à en devenir un, et qu'au contraire il doit finir par perdre sa place dans les classifications juridiques.

1° DROIT POLITIQUE.

Le Droit politique est presque universellement défini : *la partie du Droit qui règle les rapports des particuliers avec l'Etat.*

Cette définition suppose que l'Etat a une existence propre, en dehors des particuliers ; elle provient d'une erreur accréditée depuis des siècles.

L'Etat n'est ni une personne, ni même un être ; il est l'abstraction correspondant à un ensemble d'individus considérés comme membres de la même société, ou plutôt de la même cité.

Une abstraction, un pur concept, Messieurs, peut-il entrer en rapport avec les particuliers ; l'Etat qui, en réalité, n'existe pas, peut-il avoir des droits en propre, des droits opposables aux particuliers?

La négative est évidente.

Poursuivons toutefois.

Quoique l'Etat soit un pur concept, il représente un ensemble d'activités ; à ce nouveau point de vue, il se confond avec le pouvoir ou avec les pouvoirs, c'est-à-dire avec les diverses formes logiques de l'activité des citoyens.

Il existe trois pouvoirs : le législatif, l'exécutif et le judiciaire.

Ce que les publicistes, par une transposition d'idées, désignent d'ordinaire sous ce nom, n'est que la délégation de ces pouvoirs.

Que résulte-t-il de là, Messieurs ? C'est que le pouvoir

ou les pouvoirs n'ont pas plus que l'Etat une existence propre ; ils résident essentiellement dans chacun des ci-toyens.

Ainsi, s'évanouit la fausse antithèse du Droit politique et du Droit privé.

Tout droit est essentiellement privé, en ce sens qu'il ne peut avoir trait qu'aux rapports des particuliers entre eux ; mais l'expression de Droit privé, si on la générali-sait, aurait le tort de ne pas faire entendre que le Droit ne considère les individus qu'en société, ce qui implique l'idée de rapports complexes. Dans la société, en effet, l'individu est membre de la cité et membre d'une fa-mille. De là, deux séries de rapports qui ont ce point commun de constituer des rapports sociaux.

L'expression de Droit politique désigne très exacte-ment l'ensemble de ces rapports.

Tout Droit, dans le sens vrai, est donc un Droit poli-tique, car tout Droit tend essentiellement à faire vivre les hommes les uns à côté des autres, en maintenant entre eux l'harmonie.

Qu'on ne m'accuse donc pas, Messieurs, d'être un no-vateur téméraire lorsque je propose de diviser le Droit positif au point de vue des rapports qu'il règle en deux parties, qui seraient :

L'une, le Droit de cité ; l'autre, le Droit de famille.

J'ajoute, sans vouloir développer cette idée pour le moment, que le Droit de propriété, c'est-à-dire la li-berté du travail ou de l'effort propre, fait partie du Droit de cité.

Considéré comme citoyen, l'individu exerce son acti-vité dans plusieurs groupes. Il est citoyen :

1° Dans l'Etat ;

2° Dans les divisions et subdivisions de l'Etat, Départements ou Provinces et Communes[1].

De là, la décomposition des rapports auxquels s'applique le Droit politique ; ces rapports régissent :

1° L'Etat ;

2° Le Département et la province ;

3° La Commune.

Ils donnent lieu à deux questions :

Quelle doit être l'organisation de l'Etat, du Département ou de la Province et de la Commune ?

Quelles doivent en être les attributions ?

La définition de l'Etat, qui est en même temps celle de ses divisions et de ses subdivisions, commande la solution de l'une et de l'autre.

L'Etat, le Département ou la Province et la Commune n'étant que de collectivités, sans personnalité et sans existence propre, n'ont pas de droits propres.

Le principe de tout droit comme de tout devoir est immanent dans l'Individu.

De là résulte que, lorsque l'Individu n'exerce pas son activité par lui-même, toute fonction dans l'Etat, dans le Département ou la Province, et dans la Commune, n'existe qu'à titre de fonction déléguée.

La prémisse de la solution de nos deux questions est donc celle-ci : l'organisation de l'Etat et les attributions du Département ou de la Province et de la Commune, n'ont d'autre fondement scientifique possible que le droit inaliénable de l'individu déléguant ou mandat.

La première condition scientifique de la constitution

[1] En France, il y a lieu de supprimer l'inutile circonscription de l'arrondissement, d'élargir la Commune aux dimensions du Canton, et de donner aussi plus d'étendue aux Départements, mais en se gardant bien de tout retour aux circonscriptions provinciales de l'ancienne France.

de l'Etat, du Département ou de la Province et de la Commune, est donc la reconnaissance effective de ce droit.

Tout Etat dont l'organisation et les attributions contredisent cette idée primordiale, est en dehors du Droit politique; il est la violation permanente du Droit de l'Individu.

La seconde condition scientifique de la constitution de l'Etat dérive du même principe que la première : l'Individu déléguant ou mandat n'a lieu de déléguer ou de conférer mandat que dans la mesure nécessaire.

Le système représentatif n'est pas plus un principe que le droit propre de l'Etat ou du représentant; le système représentatif n'est qu'un mécanisme politique; or, un mécanisme n'est qu'un moyen.

Dans l'Etat actuel, le peuple même chez lequel ce mécanisme fonctionne de la manière la moins imparfaite, c'est-à-dire les Etats-Unis d'Amérique, est loin de lui avoir donné toute la perfection dont il est dès à présent susceptible.

Le progrès de la constitution politique consiste à ce qu'elle se rapproche de plus en plus de son principe, et, en tous rapports juridiques, ce principe, nous le répétons, est le Droit de l'Individu.

Plus donc l'individu exerce son droit par lui-même, plus l'instrument politique a acquis de perfection.

Les lois fondamentales du Droit politique sont maintenant faciles à déterminer :

Toute fonction dans l'Etat, dans le Département ou la Province et dans la Commune, constituant un exercice du droit du citoyen par un autre que par lui-même, doit être essentiellement temporaire, révocable, responsable.

Toute fonction dans l'Etat, dans le Département ou la Province et dans la Commune, ne doit être déléguée que tout autant que le citoyen n'est pas apte à exercer son droit par lui-même.

En conséquence, le seul Etat logiquement et légitimement constitué est celui où l'individu étant gouverné le moins possible, se gouverne le plus possible par lui-même.

En même temps, le seul Etat qui satisfasse à cette définition est l'Etat républicain fédératif.

3° DROIT PRIVÉ.

Le Droit tout entier, je le répète, Messieurs, ne peut régler que les rapports entre les particuliers ou les individus, et pas plus qu'aucune autre, la partie du Droit qu'on appelle Droit privé, n'a en propre ce caractère.

D'après l'acception habituelle, le Droit privé, comme je viens également de le dire, comprend le Droit de famille et le Droit de propriété; *il est l'expression des rapports nécessaires qui régissent les individus, en ce qui concerne la famille et la propriété.*

La dénomination de Droit civil qu'on lui applique aussi et qu'on a empruntée aux Romains, est tout à fait inexacte. Chez les Romains, en effet, qu'était-ce que le Droit civil (*jus civile*)? C'était une des divisions du Droit privé; c'était le Droit privé propre aux citoyens par opposition au *jus gentium*, Droit privé propre aux *peregrini;* or, les modernes ne connaissent ni les *cives*, ni les *peregrini* dans le sens romain; donc, l'expression de Droit civil eût dû être démonétisée, si le Droit n'était par excellence une collection d'antiques en tous genres pour les mots comme pour les choses.

Mentionnons en dernier lieu une subdivision du Droit

privé admise par certains auteurs et par certaines législations, nous entendons la subdivision en Droit privé applicable aux rapports non commerciaux, et Droit privé spécial aux rapports commerciaux. Cette subdivision est dépourvue, à nos yeux, de valeur scientifique; le Droit de propriété s'est développé plus rapidement dans les matières, dites *commerciales*, que dans les matières ordinaires, et c'est là surtout ce qui a fait établir des règles particulières à la propriété commerciale.

CODE CIVIL FRANÇAIS.

Pour achever ces préliminaires, il me reste, Messieurs, à vous dire quelques mots du Recueil de lois que je suis chargé de vous expliquer.

Par la date de sa promulgation, le Code civil français appartient aux plus funestes jours de l'Histoire de la France. Ce que furent les auteurs de cette compilation fameuse, vous-mêmes, Messieurs, dans l'étude que nous entreprenons ensemble, vous en jugerez à chaque pas, et, à chaque pas aussi, vous constaterez avec moi que, rédacteurs inattentifs et inhabiles, légistes vulgaires, fermés à l'idée du Progrès non moins qu'à celle du Droit véritable, cœurs vides et consciences mortes, les Cambacérès, les Portalis, les Tronchet, les Bigot n'apportèrent dans leur œuvre que l'unique pensée de réagir contre l'esprit de la Révolution.

Quant à leur maître, quant à ce monstrueux despote, cause pour la France de tant de ruines, et à qui ce siècle devra d'avoir vu deux fois reparaître les barbaries des temps antiques et les Empires du moyen-âge, jamais, quoi qu'en dise la légende, jamais, sachez-le bien, Messieurs, il n'y eut d'intelligence plus bornée en législation que cet homme.

D'où vient donc que la législation civile française conserve encore aujourd'hui une sorte de supériorité sur certaines autres? D'une seule chose, Messieurs, les auteurs du Code Napoléon ont eu beau faire, ils n'ont pu parvenir à purger entièrement ce Code des principes de la Révolution.

NOTES ET ÉCLAIRCISSEMENTS

DROIT INTERNATIONAL

Cession amiable d'un territoire de puissance à puissance. Conquête. Démembrement.

Au moment où une Assemblée française vient de sanctionner l'annexion violente à l'Allemagne de deux provinces françaises, tout en retenant ici le cri de notre conscience indignée, nous jugeons bon de reproduire ce que nous écrivions en 1867 dans un livre d'ordre purement scientifique :

Personnes devenant françaises par l'annexion à la France d'un territoire étranger.

Les théoriciens du droit civil, à la suite des théoriciens du droit de-gens, reconnaissent deux cas d'annexion régulière:

1º Celui de la cession amiable d'un territoire de puissance à puissance ;

2º Celui de la conquête consommée.

L'idée de Droit est, en réalité, étrangère à ces deux cas : *Les peuples s'appartiennent.* Il n'y a d'annexion légitime d'un territoire à un autre, que par la volonté régulièrement exprimée des habitants de ces deux territoires.

Démembrement d'une partie du territoire français.

Les auteurs enseignent, comme pour l'annexion, que les causes de démembrement sont les traités et la conquête.

Les auteurs se trompent ; le seul démembrement légitime est celui qui a lieu par la séparation volontaire (Manuel de Droit civil, t. 1).

Tradition du dix-huitième siècle en matière de Droit international.

Nous empruntons le fragment qui suit à l'un des plus grands livres du dix-huitième siècle, à l'Esquisse des Progrès de l'esprit humain :

« Les peuples plus éclairés, dit Condorcet, se ressaisissant du droit
» de disposer eux-mêmes de leur sang et de leurs richesses appren-
» dront peu à peu à regarder la guerre comme le fléau le plus funeste,
» comme le plus grand des crimes. On verra d'abord disparaître celles
» où les usurpateurs de la souveraineté des nations les entraînaient
» pour de prétendus droits héréditaires. »

« Les peuples sauront qu'ils ne peuvent devenir conquérants sans
» perdre leur liberté ; que des confédérations perpétuelles sont le seul
» moyen de maintenir leur indépendance ; qu'ils doivent chercher la
» sûreté et non la puissance. Peu à peu les préjugés commerciaux se
» dissiperont, un faux intérêt mercantile perdra l'affreux pouvoir d'en-
» sanglanter la terre et de ruiner les nations sous prétexte de les enri-
» chir. Comme les peuples se rapprocheront enfin dans le principe de la
» politique et de la morale, comme chacun d'eux, pour son propre avan-
» tage, appellera les étrangers à un partage plus égal des biens qu'il
» doit à la nature ou à son industrie, toutes ces causes qui produisent,
» enveniment, perpétuent les haines nationales, s'évanouiront peu à
» peu ; elles ne fourniront plus à la fureur belliqueuse ni aliment ni
» prétexte. »

Après Condorcet, voici Kant :

Premier article définitif d'un projet de paix perpétuelle :

« La constitution civile de chaque Etat doit être républicaine. »

Second article :

« Il faut que le Droit des gens soit fondé sur une fédération d'Etats
» libres. »

Kant, De la paix perpétuelle.

Et nous, nous ajoutons que lorsque la suppression des intérêts dynastiques aura rendu les nations maitresses d'elles-mêmes, lorsque
la production et l'échange se seront organisés sous une loi générale
de liberté, lorsqu'une nouvelle conscience, à vrai dire la plus ancienne
de toutes, la seule permanente, la seule dont les progrès soient con-
stants, malgré ses obscurcissements séculaires et ses engourdisse-
ments accidentels, lorsque la conscience humaine aura vaincu, la
solidarité des individus et des peuples passera de l'ordre de la foi dans
celui des faits et deviendra le fondement de l'harmonie universelle.

DROIT POLITIQUE

Souveraineté. — Droit des majorités.

Aristote, Rousseau et tous les républicains antiques ont conçu la
souveraineté du peuple (démocratie) comme le droit de tous de décider *sur ou même contre un seul.*

Cette conception est essentiellement du même ordre que celle qui attribue à certains hommes le droit de gouverner la terre en vertu d'une délégation dont les titres existeraient au ciel ; en effet, que ce soient tous ou un seul qui décident sur ou contre un seul, il faut bien admettre, à moins d'écarter toute raison, que ceux ou celui qui prétendent avoir le droit de décider ainsi, ont reçu ce droit d'En-Haut, ou qu'ils l'ont par eux-mêmes ; droit divin ou droit humain ; l'alternative est inévitable ; mais le droit humain résidant le même en chaque homme, tous, réunis, n'ont pas plus de droit sur ou contre un seul, qu'un seul homme, non élu des Dieux, en face d'un autre homme ; reste donc le droit divin ! Et c'est ainsi que, sommées d'énoncer leur prémisse, toutes les tyrannies en sont réduites à s'abriter derrière le *credo* de leurs fidèles.

Par son principe, la démocratie, dans le sens antique, vaut donc la monarchie, tout aussi exactement que, dans le langage moderne, la souveraineté et la majesté du peuple valent la souveraineté et la majesté des rois ; égales visions et souvent égales tromperies pour mettre sous le joug le grand nombre !

La souveraineté n'est qu'à la Loi, non pas, bien entendu, à toute loi qu'il plaît au législateur d'édicter, mais à la Loi vraie, *à l'expression des rapports nécessaires dérivant de la nature humaine.*

Et si l'unanimité elle-même n'est pas souveraine, si l'unanimité n'a en somme le droit de décider que ce que chacun de ceux qui la composent aurait le droit de décider séparément et pour lui-même, qu'est-ce donc à son tour que le prétendu droit des majorités ?

Ce que c'est, le voici en deux mots :

Il y a des questions où sont engagés au même titre les droits individuels de tous les citoyens et qui ne peuvent être laissées ou qui paraissent ne pouvoir être laissées à la décision de chacun, sans que le lien social soit rompu ; or, pour ces questions, l'expédient auquel on a recours est de commettre à la majorité le soin de les trancher, non pas certes que la majorité ait un droit propre, mais parce qu'on s'est dit qu'en pareil cas les intérêts les plus nombreux discerneraient mieux que les moins nombreux ce qui convient à tous.

Au surplus, si l'on voulait une preuve de l'état d'enfance dans lequel se trouve la science politique, il suffirait de faire remarquer que les majorités se croient le droit de décider même les questions premières de cette science.

Or, d'une part, à mesure que la science politique prendra possession d'elle-même, la masse des vérités politiques acquises ira nécessairement en grossissant ; d'où il résulte que les majorités auront de moins en moins l'occasion de se saisir de questions qui ne relèvent point d'elles ; d'autre part, l'idéal et le but de la science politique ne pouvant être que d'ouvrir à l'activité de l'individu une carrière de plus en plus libre, le nombre même des questions de détails à soumettre aux majorités devra aussi tendre à décroître sans cesse.

Voilà pour l'ordre spéculatif et abstrait.

Quant au présent, nous sommes d'avis qu'il y a, dès aujourd'hui, au moins une vérité fondamentale acquise, à savoir celle du Droit immanent dans l'individu, et nous pensons en conséquence que toute majorité qui porterait la main sur l'autonomie d'un seul des membres du corps social ferait un acte nul et se mettrait elle-même hors le Droit.

Ancêtres de la doctrine de l'autonomie de l'individu, dans l'ordre politique.

Le système du Droit politique nouveau a pour principaux ancêtres : Locke, Turgot, Condorcet et surtout J.-J. Rousseau lui-même, ce grand propagandiste de l'erreur du Droit social.

Dans les temps modernes, Rousseau, sous l'influence de Locke, a le premier conçu l'ensemble d'une *doctrine* du Droit politique *(Contrat social)*.

Il est vrai, qu'égaré par l'exemple de Genève et par les lectures de Plutarque, il n'a pas su résoudre la question du principe de la souveraineté. Avec Aristote (*Politique,* St. Barthélemy St-Hilaire I. I., ch. I, § 11) et avec tous les démocrates antiques, il a fait de la volonté nationale le fondement du Droit, et il a admis comme légitime un état politique où tous décident sur ou même contre un seul ; faute de décomposer la volonté nationale en ses éléments multiples et nécessaires, Rousseau n'a pas vu que le pouvoir n'est, en réalité, que le droit de l'individu sur lui-même et que la démocratie est le régime idéal où chacun serait maître de son action propre.

Par là, il a causé l'étrange inconséquence de Kant, qui regarde la République comme le seul gouvernement conforme au Droit et qui repousse la démocratie comme oppressive *(Doctrine du Droit,* tr. Tissot, 2e part. 1re sect, et *De la paix perpétuelle)*.

L'idée de l'autonomie de l'individu, le vrai principe de la démocratie nouvelle, exclut donc le faux principe antique de Rousseau et ruine en même temps tout un côté de sa doctrine ; mais, si Rousseau a erré sur la base du Droit politique, il n'en a pas moins formulé mieux qu'aucun écrivain, avant et après lui, les trois conditions inhérentes à l'existence de la souveraineté

1° La souveraineté est inaliénable, ce qui implique que le souverain ne peut promettre simplement d'obéir ,

2° La souveraineté est indivisible, ce qui exclut le *fantastique* principe de la séparation des pouvoirs ;

3° La souveraineté ne peut être représentée ; ce qui a pour suite forcée que les députés du souverain ne sont que ses commissaires et ne peuvent rien conclure définitivement, *(Contrat social,* I. II, chap. i, ii, et I. III, chap. xv).

Turgot et Condorcet, élargissant et creusant l'idée des économistes, ont trouvé le principe qui a manqué à Rousseau :

Le Droit est dans l'individu, et la société a pour but le libre jeu des activités individuelles.

Sous la Restauration, Charles Comte et Charles Dunoyer ont continué dans deux recueils périodiques successifs (le *Censeur* et le *Censeur européen*), la tradition directe de Turgot et de Condorcet.

Tout en restant enfermé dans un perpétuel dualisme, M. de Tocqueville a contribué pour une large part à populariser la doctrine du Droit nouveau.

En Allemagne, Guillaume de Humboldt en a ramené le principe à une formule devenue célèbre : « le but essentiel de l'organisation sociale est le développement le plus vaste et le plus harmonique des facultés individuelles. »

Enfin, l'un des premiers publicistes de ce temps, M. John Stuart-Mill, a exposé avec une incomparable largeur de vues la théorie du Self-Government.

Cependant il manque, en général, aux travaux de ce siècle, et même à ceux de M. John Stuart-Mill, d'être suffisamment vivifiés par l'idée du Droit.

A mesure que l'on a avancé, la doctrine s'est de plus en plus enfermée dans le point de vue utilitaire ; elle s'est par là condamnée elle-même à ne voir souvent que l'un des aspects de ces rapports nécessaires qui sont la loi souveraine de l'homme et du monde.

C'est ainsi que M. John Stuart-Mill, en déclarant que le gouvernement représentatif est l'idéal du gouvernement du peuple par lui-même (*Du Gouvernement représentatif*, tr. Dupont-White, chap. III), a présenté une affirmation que ses propres raisonnements combattent, qu'en repoussant la théorie du mandat législatif impératif, il est tombé en pleine contradiction avec ses prémisses, et que, sur la question fondamentale de l'organisation du pouvoir exécutif, il paraît rester scientifiquement indifférent à la suppression ou au maintien de l'intérêt dynastique.

Pour résumer cette grande thèse, nous ne saurions mieux faire que de reproduire le passage suivant d'un écrit du Docteur Johann Jacoby.

» Le but proposé à ces temps est la transformation de l'état politique et social actuel dans les sens de la liberté et de l'égalité de tout ce qui porte une figure humaine (*Was Menschengesicht trægt*).

» Le système représentatif qui existe aujourd'hui correspond aussi peu que la domination d'un seul au principe de l'égalité démocratique. Si l'activité politique du peuple se borne à choisir ses représentants, s'il ne peut leur imposer aucun mandat impératif, s'il ne peut les révoquer, s'il doit subir sans condition leurs résolutions et toutes les manifestations de leur volonté, le peuple, sous la tutelle de ses délégués, n'est pas moins esclave que sous le gouvernement absolu d'un unique tuteur.

» *Nihil de nobis sine nobis !* Le peuple doit prendre part à la décision de toutes les affaires publiques pour être le maître de sa propre destinée et pour être son propre maître. La conséquence logique est le suffrage universel direct, la participation universelle directe du peuple à la confection des lois, comme au gouvernement de l'Etat. »

OUVRAGES DE L'AUTEUR

Réponse à M. Thiers sur la question italienne et sur la question romaine, broch. in-12, seconde édition, Paris, Sausset, 1865,   50 c.

La Question de conscience, broch. in-8, Paris, Sausset, 1867,   50 c.

Guerre aux monarchies, broch. in-8, Lausanne, Tarin, 1869,   50 c.

Les Élections en 1869, broch. in-8, Paris, Pagnerre, 1869,   50 c.

Trois leçons sur les principes philosophiques et juridiques du mariage, broch. in-8, Genève et Berne, Desrogis et Dalp, 1871,   1 fr. 50

Nécessité de refondre l'ensemble de nos codes, et notamment le Code Napoléon, avec un appendice contenant le Code civil de la Convention, 1 vol. in-8, Paris, Guillaumin, 1866,   3 fr.

Le droit de l'enfant, l'enfant né hors mariage, 1 vol. in-18, seconde édition, Paris, Germer-Baillière, 1870,   3 fr.

Manuel de droit civil, tomes I et II: 2 très-forts volumes in-8. Paris, Germer-Baillière, 1868 et 1870. Prix de chaque volume,   10 fr.

Du même auteur, pour paraître prochainement :

1º **Y a-t-il une Europe ?**
2º **Qu'est-ce que la patrie ?**
3º **Manuel de droit civil.** (T. III, 1re partie).

Lausanne. — Imp. Howard et Delisle.